BEI GRIN MACHT SICH IHR WISSEN BEZAHLT

AF152890

- Wir veröffentlichen Ihre Hausarbeit, Bachelor- und Masterarbeit

- Ihr eigenes eBook und Buch - weltweit in allen wichtigen Shops

- Verdienen Sie an jedem Verkauf

Jetzt bei www.GRIN.com hochladen und kostenlos publizieren

Bibliografische Information der Deutschen Nationalbibliothek:

Die Deutsche Bibliothek verzeichnet diese Publikation in der Deutschen National-
bibliografie; detaillierte bibliografische Daten sind im Internet über http://dnb.d-
nb.de/ abrufbar.

Impressum:

Copyright © 2010 GRIN Verlag, Open Publishing GmbH
Druck und Bindung: Books on Demand GmbH, Norderstedt Germany
ISBN: 9783640539611

Dieses Buch bei GRIN:

http://www.grin.com/de/e-book/144553/textanalyse-zur-vorrede-zur-ersten-auflage-
der-geschichte-wallensteins

Christina Herzog

Textanalyse zur "Vorrede zur ersten Auflage" der "Geschichte Wallensteins" von Leopold von Ranke (1895)

GRIN Verlag

GRIN - Your knowledge has value

Der GRIN Verlag publiziert seit 1998 wissenschaftliche Arbeiten von Studenten, Hochschullehrern und anderen Akademikern als eBook und gedrucktes Buch. Die Verlagswebsite www.grin.com ist die ideale Plattform zur Veröffentlichung von Hausarbeiten, Abschlussarbeiten, wissenschaftlichen Aufsätzen, Dissertationen und Fachbüchern.

Besuchen Sie uns im Internet:

http://www.grin.com/

http://www.facebook.com/grincom

http://www.twitter.com/grin_com

Ranke, Leopold von

Geschichte Wallensteins

Leipzig, Duncker & Humblot, 1895

<u>Vorrede zur ersten Auflage</u>

Textanalyse

Beim vorliegenden Text handelt es sich um eine „Vorrede zur ersten Auflage" zu Leopold von Rankes „Geschichte Wallensteins", welche um 1895 in Leipzig erschienen war. Es ist also das Vorwort zu einer längeren Abhandlung über die Persönlichkeit Wallensteins und soll vor dem persönlichen historistischen Hintergrund Rankes in das Thema einführen.

Ranke gilt als einer der prominentesten Vertreter des Historismus im allgemeinen und desselben in Deutschland im speziellen. Er wurde am 21.12.1795 in Thüringen geboren und gilt als wegweisender Vordenker der Geschichtswissenschaft und hier vor allem des Historismus. Beim Historismus handelt es sich um eine vor allem im 19. und 20. Jahrhundert in Deutschland sehr populäre und einflußreiche geschichtswissenschaftliche Strömung, welche auch philosophische Denkweisen integrierte.

Prägend war vor allem die Vorstellung, daß die Geschichtlichkeit des Menschen insofern bedeutend sei und er somit diese auch gestalte, inwieweit er von der Vergangenheit in Form von Tradition und des Bewußtseins hierüber beeinflußt wird und dies für ihn begreifbar ist. Die Betrachtung geschichtlicher Prozesse wird somit auf eine individualistische Ebene projiziert, welche den „Staat" oder die „Nation" nicht als rationale Ergebnisse gesellschaftlicher (geschichts- metaphysischer) Prozesse begreift, sondern als eine organisch und geschichtlich hervorgebrachte Wesenhaftigkeit. Auf diese Weise sollte zu einer explizit objektiven und empirisch fundierten Betrachtungsweise geschichtlicher Ereignisse und Phasen beigetragen und die hermeneutische Wissenschaft als solche gestärkt werden.

Nicht zu verwechseln ist der Historimus mit dem Historizismus, welcher andere Schwerpunkte in der Betrachtung geschichtlicher Sachverhalte setzt, allerdings häufig von Kritikern des Historismus als Argument gegen diesen angeführt wurde und wird.

Ranke hatte im Laufe seines Lebens hohe Positionen im öffentlich- akademischen Bereich inne, war über diese sehr einflußreich und besaß damit durchaus auch eine gewisse Deutungshoheit Begrifflichkeiten und Verständnisweisen betreffend. So wurde er 1858 Erster Vorsitzender der Historischen Kommission bei der Bayrischen Akademie der Wissenschaften.

Ranke starb 1886 in Berlin.

Das vorliegende Textdokument erschien also weit nach dem Tod des Historikers. Das bedeutet, daß es zwar sehr wohl von Ranke stammen konnte, es aber nicht nachvollziehbar ist, inwieweit es eventuell verändert bzw. ob das Vorwort vollständig und ausschließlich von Ranke geschrieben wurde. Im Rahmen der damaligen geschichtswissenschaftlichen Debatten ist dieses Buch sowie das Vorwort als historistisches Dokument also durchaus aktuell und plausibel. Es ist dies weniger als Zeitdokument Rankes, obwohl wahrscheinlich eine erheblicher Teil dieser Schriften von ihm persönlich angefertigt wurde. Die für die objektive Bewertung dieses Sachverhaltes notwendigen Informationen stehen für diese Textanalyse allerdings nicht zur Verfügung und können somit nicht in die Betrachtungen mit einbezogen werden.

Das von ihm bearbeitete Thema betrifft General Wallenstein, welcher zwischen 1625 und 1634 zweimal Oberbefehlshaber der kaiserlichen Streitkräfte im 30-Jährigen Krieg war. Er kämpfte auf Seiten des Kaisers und der Katholischen Liga gegen die protestantischen Mächte Deutschlands sowie gegen Dänemark und Schweden, fiel jedoch später in Ungnade und wurde von kaisertreuen Offizieren ermordet.

Wallenstein, eigentlich Albrecht Wenzel Eusebius von Waldstein, starb am 25. Februar 1634 in Eger (Böhmen).

Der 30-Jährige oder Dreißigjährige Krieg von 1618 bis 1648 war ein Konflikt um Hegemonie zwischen den Mächten Europas und zugleich ein Religionskrieg zwischen Katholiken und Protestanten.

Der Text gliedert sich inhaltlich in drei Hauptteile, wobei sich der erste Teil aus einer Einleitung in das Thema und einem hypothesierenden Teil zusammensetzt. Die Begründung einer Hypothese zu Beginn des Textes ist jedoch nicht einer formulierten Hypothese im Rahmen einer wissenschaftlichen Studie gleich oder ähnlich, da die von Ranke gemachten Annahmen im Konstrukt seiner Vorstellungen, welche im Historismus begründet liegen und selbst hypothetischen Charakter haben, ihre Ursache haben. Insofern sind sie subjektivistisch und leiten keine wissenschaftliche Untersuchung oder Auseinandersetzung mit Wallenstein in diesem Dokument ein, sondern begründen die vorgenommene Argumentationskette Rankes in dieser Vorrede zur ersten Auflage unter dem Eindruck des Historismus.

Insofern wird der Blick des Lesers bereits vor der eigentlichen Abhandlung in eine bestimmte Richtung beeinflußt. Nach der der entsprechenden Denkweise innewohnenden typischen

Vorgehensweise im Rahmen der Vorstellungen historistischer Entwicklungen, wird zunächst eine Verortung des zu behandelnden Prozesses und des entsprechenden Subjektes in der Geschichte vorgenommen. Dies soll die Plausibilität des Vorgehens unterstreichen und die geschichtlichen Ereignisse in eine organisch begründbare Zwangsläufigkeit einordnen.

Aus diesem Grund erfolgt zu Beginn des Textes ein Rückgriff auf Griechenland und vor allem auf Plutarch. Die Ausführungen Plutarchs zu Geschichte und Biographie dienen als theoretischer Unterbau der Ranke eigenen Ausführungen. Auf dieser Grundlage fußt seine im nächsten Abschnitt formulierte Theorie:

„Die Entschlüsse der Menschen gehen von den Möglichkeiten aus, welche die allgemeinen Zustände darbieten; bedeutende Erfolge werden nur unter Mitwirkung der homogenen Weltelemente erzielt; ein Jeder erscheint beinahe nur als eine Geburt seiner Zeit, als der Ausdruck einer auch außer ihm vorhandenen allgemeinen Tendenz; [...]".

Diese Hypothese unterstreicht er mit einer teilweisen, und somit den Ausführungen vorweggenommenen, Beantwortung:

„Indem sie, wie man zu sagen liebt, ihre Zeit repräsentieren, greifen sie doch wieder durch eingeborenen inneren Antrieb bestimmend in dieselbe ein".

Diese Art der Ausführung stellt im wesentlichen einen Kunstgriff dar, weil somit die Logik der Argumentation durch die Vorwegnahme des Hypothesenbeweises vor der eigentlichen inhaltlichen Auseinandersetzung herausgestellt wird. Im Zusammenhang mit dem vorangestellten Bezug auf das alte Griechenland ist dieser Gedankengang plausibel. Allerdings bezieht sich die Hypothese nicht ausschließlich auf Personen, sondern in gleichem Maße auf Prozesse, weshalb der Argumentation folgend nur eine teilweise Vorwegnahme des Beweises erfolgen konnte.

Die Einordnung der Persönlichkeit Wallensteins in einen größeren geschichtlichen Kontext wird im Hauptteil vorgenommen und führt die Argumentation zum einen selbst, und zum anderen die Einleitung zu dem nachfolgenden Buch, im letzten Abschnitt dieses Textes zu einem Ende. Der Hauptteil enthält wiederum eine kurze Einführung, worin explizit auf die Person Wallensteins bezug genommen wird, allerdings auch die Notwendigkeit der geschichtlichen Erforschung des 30-Jährigen Krieges, also die Notwendigkeit der wissenschaftlichen Auseinandersetzung mit dieser Epoche und den entsprechenden Persönlichkeiten erbracht. Die Legitimation hierzu wird nachfolgend mit Verweis auf die Quellenlage unterstützt. Sie dient also zum einen der Darstellung wissenschaftlicher Relevanz durch das Vorhandensein von Archiven, zum anderen der Offenlegung von Widersprüchen innerhalb der Disziplin zur Thematik und der Hervorhebung schwierigsten Bedingungen der Sichtung entsprechend glaubwürdiger Ausführungen.

In diesem Hauptteil begründet Ranke zudem sein Vorgehen eine Biographie zu verfassen, welche *"zugleich Geschichte ist"*. Die Persönlichkeit Wallensteins wird am Ende des Hauptteils nochmals in den größeren geschichtlichen Prozeß eingeordnet, wie auch der Prozeß als von Wallensteins Wirken beeinflußt dargestellt wird. Die Ausführungen zur „Wirkung" und zur „Rückwirkung" schließen nicht nur die Argumentation ab, sie führen gleichzeitig in den letzten Teil, die kurze Beweisführung zur Beantwortung des weiter unbehandelten Teils der Hypothese, ein.

Ranke schreibt:

"Die Mannigfaltigkeit der Geschichte beruht in dem Hereinziehen der biographischen Momente; aber auch die Biographie kann sich dann und wann zur Geschichte erweitern".

Persönlichkeit und Prozeß fallen zum Ende des Textes in dieser Argumentation perfekt zusammen, beeinflussen sich gegenseitig, hängen voneinander ab und bedingen sich folglich, wenn auch nicht beständig und nicht fortwährend bei jeder Person. Die Ausführungen Rankes machen die Argumentationskette für den Leser unfraglich, da sie zum einen logisch und kohärent ist sowie den in der Hypothese formulierte Anspruch einwandfrei und folgerichtig auflösen kann, zum anderen der Verweis auf die Eventualität mit „*dann und wann*" eine Zwangsläufigkeit eben nicht bei jedem Menschen in dieser Art, der Art Wallensteins, ergeben muß. Diese Formulierung sichert die Argumentation vor eventueller Kritik ab und führt gleichzeitig in die folgenden Ausführungen des Werks über Wallenstein ein.

Die sprachliche Ausgestaltung dieser Einleitung scheint sich auf einem hohen Niveau zu bewegen, wenngleich Vergleichsschriften aus jener Zeit und von Persönlichkeiten mit entsprechendem Rang und Bildung zur Analyse nicht herangezogen wurden. Festzuhalten bleibt allerdings, daß die verwendete Sprache wahrscheinlich nur von einem Teil von Menschen korrekt verstanden und in ihrer Weise decodiert werden kann. Sie und somit das Werk richten sich also an ein entsprechendes, begrenztes Publikum. Bildungsferne Schichten dürfte, trotz des Anspruches des Autors allen Interessierten - „*Jedermann weiß*" - diese Informationen zukommen zu lassen bzw. jene für diese zu diskutieren, und trotz eines im Vergleich mit unserer heutigen Sprache anderen gesprochenen, geschrieben und akademischen Deutsches, sich ein Verständnis nur schwerlich einstellen, zumal die historischen Hintergründe eventuell nicht in ihrem ganzen Umfang für diese Personen erfaßbar war.

Einerseits ergibt sich also ein Adressatenkreis, welcher fähig ist diese Sprache zu verstehen und die Intention Rankes zu deuten in der Lage sein kann, andererseits soll die Wortwahl und der Satzbau, einer Einleitung bzw. einem Vorwort immanent, den Leser animieren weiter zu lesen und Interesse zu wecken. Andererseits wirkt der Text in seinem Aufbau auf den Leser langsam emporsteigend und so dann phasenweise eruptiv, um dieses Ziel zu erreichen.

Als besonderes sprachliches Mittel benutzt Ranke also „treibende" Formulierungen in Verbindung mit einer Interpunktion, welche die Sätze teilweise unvollständig abkürzt- jedenfalls wirken sie aus unserer Sicht und grammatikalischem Verständnis unvollständig!

Diese, mitunter als Ellipse bezeichneten, Satzkonstruktionen treten in Rankes Text häufig auf- teilweise sind sie insofern „grenzwertig", als daß diese somit möglicherweise als Anakoluth einordbar sind. Deutlich wird dies vor alle durch:

„daß er nicht Geschichte schreiben sondern Biographie"

Es gab bis ins letzte Jahrhundert allerdings auch eine Höflichkeitsform in der dritten Person für einzeln angesprochene Persönlichkeiten. Bei einem so Angesprochenen, entfielen bestimmte Satzelemente, weil sie sich in der Höflichkeitsform erübrigten ohne den Sinn tatsächlich zu entstellen. Dieser Umstand wäre in diesem konkreten Fall wahrscheinlich auch gegeben, so daß die o.g. analytische Einordnung aus heutigem Verständnis sinnvoll ist.

Dies bedeutet andererseits aber auch, und läßt sich unter anderem am zuvor geschilderten Problem sehr gut darstellen, daß bei dieser gegebenen Unvollständigkeit aus Sicht einer Textanalyse im 21. Jahrhundert nicht exakt zwischen einer damaligen sprachlichen Normalität oder durch das Ziel Rankes begründeten Absicht klar differenziert werden kann. Insofern ist dieser Sachverhalt an dieser Stelle nicht eindeutig zu klären.

Ein Hinweis darauf, daß es sich um eine übliche und in gewissen Kreisen auch gesprochene Umgangsprache handeln könnte, ist der zeitliche Hintergrund und die Verwendung eines Deutsch, welches in Orthographie, Satzbau und Zeichensetzung noch nicht standardisiert war.

Es handelt sich also um eine Sprache, welche vor 1901 im Deutschen Raum gesprochen und geschrieben wurde. Worte wie: *„Thätigkeit"* und *„Werth"* lassen darauf schließen.

Erst in diesem benannten Jahr wurde nämlich eine einheitliche Grammatik und Rechtschreibung durch Duden im gesamten deutschsprachigen Raum einheitlich geregelt.

Diese Rechtschreibung hatte bis zum Ende des letzten Jahrtausends bestand und wurde danach durch unpraktikable Neuerungen abgelöst. Die geschraubten Wendungen, welche

Ranke zur Charakterisierung Wallensteins und seiner geschichtlichen Bedeutung verwendet, können demnach mit hoher Wahrscheinlichkeit einer verwendeten Alltagssprache entstammen. In gleichem Maße kann dies für die verwendeten Verschachtelungen im Satzbau gelten. Die Verschachtelung von Haupt- und diversen Nebensätzen bezeichnet man als Hypotaxe. Diese treten in dem Maße verstärkt im Text auf, je eingehender sich Ranke mit der Person Wallensteins befaßt und gleichzeitig versucht sein suchendes Ich herauszustellen. Insofern sind Hypotaxen vor allem im Hauptteil des Vorwortes zu finden:

„Jedermann weiß, wie sehr dies bei dem Manne unvergänglichen, wiewohl noch zweifelhaften Angedenkens, dem die nachfolgenden Blätter gewidmet sind, der Fall ist Wer hätte jemals sich auch nur oberflächlich mit dem dreißigjährigen Kriege beschäftigt, ohne den Wunsch zu empfinden, über Wallenstein unterrichtet zu werden: - wohl die außerordentlichste Gestalt, die in der weitausgreifenden Bewegung der Epoche auftritt. Er erscheint als eine ihrer eigenthümlichsten Hervorbringungen; sein Emporkommen wird von ihr getragen: er gelangt zu einer Stelle, in der er eine Reihe von Jahren einen maßgebenden Einfluß ausübt, bis er zuletzt von, einer Katastrophe erreicht wird, die noch immer unverständlich geblieben ist.

Umfassend und von hohem Werth sind die aus den münchner Archiven stammenden Mittheilungen und Papiere; sie haben fast das Meiste zu der Auffassung beigetragen, welche heutzutage die Oberhand gewonnen hat; aber sie stellen doch hauptsächlich nur den Standpunkt der Feindseligkeit und des Argwohns dar, auf dem sich der damalige Baiernfürst gegen Wallenstein hielt: für die Nachwelt kann dieser nicht maßgend (!) sein.

Wie die lebenden Menschen einander berühren, ohne einander gerade zu verstehen, oder auch verstehen zu wollen, in wetteifernder oder feindseliger Thätigkeit, so erscheinen die vergangenen Geschlechter in den Archiven, die gleichsam ein Niederschlag des Lebens sind. Da allein läßt sich eine dem Bedürfnis der Forschung entsprechende Kunde hoffen, wo eine solche selbst vorhanden war und aufgezeichnet werden konnte".

Gerade diese Formulierungen, welche ganze Abschnitte betreffen können, wirken auf den ersten Blick ruhelos- ja wirr. Vor allem im Hauptteil und an dessen Ende werden entsprechende Formulierungen gewählt um Unruhe zu beschreiben und für den Leser beim Lesen erlebbar zu machen. Es soll auf diese Weise, ohne eine Metapher direkt zu benutzen, das Suchen des Autors versinnbildlichen. Es handelt sich bei diese Art um eine bildhafte und anschauliche Wortwahl, dessen bildnerische Gesamtheit sich allerdings erst aus dem Gesamtkontext ergibt bzw. sich dem Leser erschließt.

Die Aussagen zu Wallenstein als Person stellen eine Art Überhöhung dar. Mit den gemachten Aussagen findet eine Überhöhung Wallensteins im Strom der Geschichte zu einem Gestalter derselben statt:

„Thun und Treiben Wallensteins" und *„sein Emporkommen"*

Tatsächlich werden ebenso und in Ergänzung Hyperbeln benutzt, um das geschichtliche und dessen Größe adäquat beschreiben zu können. Diese können jedoch auch als sprachliches Bild interpretiert, teilweise können sie aber auch eher als Evokationen verstanden werden:

Eins geht mit dem andern Hand in Hand oder *„Zeiten gewaltsamer Erschütterung"*

Allerdings sind die gewählten Formulierungen vor dem Hintergrund einer Einleitung gewiß auch bewußt so gewählt worden, weil sie zum lesen einladen sollen. Viele Argumente werden scheinbar genau deshalb nur mehr angeschnitten, weil sie erst im Buch entsprechend ausgeführt werden sollen und können. Im Mittelpunkt dieser vom Autor gewählten Strategie steht also der Leser!

Entgegen einem wissenschaftlichen Aufsatz nimmt sich Ranke in der Voranstellung von Wertungen, vor dem eigentlichen Werk nicht zurück. Da es sich hier allerdings nur um eine Einleitung handelt, ist dies insofern zulässig, als daß damit eine gewisse Provokation des fachlich versierten Publikums zum Zwecke der Auseinandersetzung mit diesem Thema und den zugrundeliegenden geschichtswissenschaftlichen Theorien sowie im Sinne o.g. Strategie ein Weiterlesen des Buches, erreicht werden sollte. Ranke wertet eindeutig bzw. macht eine eventuell bereits damals in der Wissenschaft verbreitete Fachmeinung nicht als solche eindeutig kenntlich, wenn er schreibt:

„[…] wiewohl noch zweifelhaften Angedenkens […]"

Ranke schreibt weiter: *„[…]auf dem sich der damalige Baiernfürst gegen Wallenstein hielt: für die Nachwelt kann dieser nicht maßgend (!) sein".*

Es handelt sich hierbei um eine Emphase, genauer eine stilistische Emphase und ein Instrument Rankes Intention, begründbar sein Vorgehen zu dieser wissenschaftlichen Forschung zu rechtfertigen. Dies ebenso bei der Darlegung der Quellenlage zu attestieren. Sie beschränkt sich eben nicht nur mit der Nennung der in den Archiven zugänglichen Unterlagen, sondern zählt gleichberechtigt im Argumentationszusammenhang die Orte der Lagerung dieser Dokumente und somit seines wissenschaftlichen Wirkens auf. Im Zusammenhang mit der Zuspitzung der Persönlichkeit Wallensteins zu einem „geschichtlichen Lenker", also einem Beeinflusser von etwas größerem, was nachfolgend erhebliche zwangsläufige Auswirkungen auf die Bevölkerung Europas hatte, wird die Überbetonung, und somit die herausragende Rolle dieser Person, auch geographisch für den Leser faßbar.

Man muß sich vor Augen halten, daß zur damaligen Zeit, also zur Lebzeit Rankes, wochenlange beschwerliche Reisen zu den jeweiligen Archivorten absolut normal waren und neben ihrer gesundheitlichen Auswirkung auch finanziell belastend waren. Gleichzeitig legitimiert Ranke vor dem Leser sein Tun und macht die Forschungsarbeit sakrosankt. Zum einen war es nur wenigen möglich entsprechende Angaben tatsächlich zu überprüfen, zum anderen stärkt eine derartiger Aufwand die Integrität und Glaubwürdigkeit des Autors uns seiner Wallenstein betreffenden Ausführungen.

Ranke nutzt, trotz seines begrenzten Adressatenkreises, kaum Fremdworte um seine Darstellungen auszuschmücken, sie akademisch aufzuwerten oder noch dezidierter zu codieren. Möglicherweise erschien ihm diese Art Sprache, in einer Zeit in der im Gelehrtenbetrieb Französisch oder Latein üblich waren, in seinen Ausführungen als unnötig ob der Höhe der eigenen wissenschaftlichen Forschung bzw. Disziplin. Mit einer verstärkten Verwendung der deutschen Sprache, im Sinne eines zunehmenden Patriotismus in dieser Epoche könnte dies zu tun haben, denn Ranke könnte, aufgrund seines Todesdatums, dieses Werk und somit auch das Vorwort nach der Gründung des Dt. Reiches 1871 angefertigt haben. Allerdings ist eben auch eine nachträglich Änderung des Vorwortes in o.g. Sinne durch andere Autoren möglich, das Erscheinungsdatum dieses Buches läßt diesen Schluß zumindest nicht unmöglich erscheinen. Ranke verwendet in diesem Vorwort nur einmal das Wort Nuntien und selbst dieses ist im Grunde kein echtes Fremdwort mehr. Es existiert im normalen deutschen Sprachgebrauch und ist darin als Bezeichnung für einen Botschafter eingegangen.

Vergleiche benutzt Ranke überhaupt nicht, jedenfalls nicht in dem vorliegenden Text. Gerade dieses Mittel ist in der Wissenschaft durchaus gängig, um Legitimation zu erzeugen oder inhaltliche oder persönliche Abgrenzungen vorzunehmen. Dies scheint von einer tiefen Überzeugung Rankes zu zeugen, in seiner wissenschaftlichen Fachrichtung als Koryphäe das richtige zu tun und für seine Ausführungen weder Begründungen liefern zu müssen und mit und durch diese unangreifbar zu sein!

Der vorliegende Text ist selbstbewußt geschrieben und vermittelt das Gefühl ein qualitativ hochwertiges Produkt, d.h.: das gesamte Buch, zur Verfügung gestellt zu bekommen. Die Wirkung auf den Leser ist vor diesem Hintergrund omnipotent. Zum einen ist es die Wuchtigkeit der Sprache, welche sehr gut gesetzt ist, und zum anderen die logischen und absolut nachvollziehbaren Argumentationsstrukturen. Der Adressatenkreis wurde bereits mehrfach umrissen und die Vermutung liegt nahe, daß es sich um einen entsprechend kleinen handeln muß. Es wird sich somit um ein Fachbuch handeln.

Die Behauptung, daß Wallenstein wirkmächtig und widersprüchlich gewesen sei, die Geschichte sich somit von einer tragischen Person hat beeinflussen lassen müssen und somit die Geschichte die Geschicke der einfachen Menschen nachhaltig beeinflußte, ist die zentrale Aussage des Textes. Die Vorstellungen des Historismus werden über dieses Thema zudem hervorragend transportiert und dem Leser deutlich gemacht. Ranke schreibt:

„Wie viel gewaltiger, tiefer, umfassender ist das allgemeine Leben, das die Jahrhunderte in ununterbrochener Strömung erfüllt, als das persönliche, dem nur eine Spanne Zeit gegönnt ist, das nur da zu sein scheint, um zu beginnen, nicht um zu vollenden! Die Entschlüsse der Menschen gehen von den Möglichkeiten aus, welche die allgemeinen Zustände darbieten; bedeutende Erfolge werden nur unter Mitwirkung der homogenen Weltelemente erzielt; ein Jeder erscheint beinahe nur als eine Geburt seiner Zeit, als der Ausdruck einer auch außer ihm vorhandenen allgemeinen Tendenz;"

und

„Jedermann weiß, wie sehr dies bei dem Manne unvergänglichen, wiewohl noch zweifelhaften Angedenkens, dem die nachfolgenden Blätter gewidmet sind, der Fall ist Wer hätte jemals sich auch nur oberflächlich mit dem dreißigjährigen Kriege beschäftigt, ohne den Wunsch zu empfinden, über Wallenstein unterrichtet zu werden: - wohl die außerordentlichste Gestalt, die in der weitausgreifenden Bewegung der Epoche auftritt. Er erscheint als eine ihrer eigenthümlichsten Hervorbringungen; sein Emporkommen wird von ihr getragen: er gelangt zu einer Stelle, in der er eine Reihe von Jahren einen maßgebenden Einfluß ausübt, bis er zuletzt von, einer Katastrophe erreicht wird, die noch immer unverständlich geblieben ist."

sowie

„Nur in fortwährender Theilnahme andenallgemeinen Angelegenheiten kann der Mann reifen, er eine Stelle in dem Andenken der Welt verdient. In Zeiten gewaltsamer Erschütterung , in denen die Persönlichkeit am meisten ihr eingeborenes Wesen entwickeln und die Thatkraft sich ihre Zwecke setzen kann, verändern sich auch die Zustände am raschesten: jeder Wechsel derselben beherrscht die Welt oder scheint sie zu beherrschen; jede Stufe der Weltentwicklung bietet dem unternehmenden Geiste neue Aufgaben und neue Gesichtspunkte dar; man wird das Allgemeine und das Besondere gleichmäßig vor Augen behalten müssen, um das eine und das andere zu begreifen: die Wirkung , welche ausgeübt, die Rückwirkung , welche erfahren wird.

Die Begebenheiten entwickeln sich in dem Zusammentreffen der individuellen Kraft mit dem objectiven Weltverhältnis; die Erfolge sind das Maß ihrer Macht".

Ranke versteht es durch sein Vorwort auf das weitere, dann folgende, Buch einzuladen. Er macht Lust weiterzulesen und er erzeugt eine spannende Atmosphäre, welche Neugierde bei Leser weckt.

Bemerkenswert ist die selbstevidente Darstellung seiner Ausführungen, welche mit dem Textaufbau aufs Beste harmonisieren und sein Anliegen unterstützten. Die dem Text innewohnenden Logik macht es nahezu unmöglich Schwachstellen in der Argumentation offenzulegen.

Ein hervorragendes Beispiel für das genannte bietet die folgende Textpassage am Ende von Rankes Ausführungen:

„Die Begebenheiten entwickeln sich in dem Zusammentreffen der individuellen Kraft mit dem objectiven Weltverhältnis; die Erfolge sind das Maß ihrer Macht.
Die Mannigfaltigkeit der Geschichte beruht in dem Hereinziehen der biographischen. Momente; aber auch die Biographie kann sich dann und wann zur Geschichte erweitern".

Der Omnipotenz dieser Sätze aufgrund ihrer sprachlichen Wucht, wohnt zudem eine Logik inne, welche so gut wie gar nicht in Zweifel gezogen werden kann. Denn selbstverständlich sind die Erfolge das Maß ihrer Macht und ebenso kann sich dann und wann, eine sprachliche Konstruktion auf die weiter oben bereits eingegangen wurde und jegliche kritische Auseinandersetzung ob ihrer Klarheit unterbindend, Biographie und Geschichte vermengen und sich gegenseitig bedingen. Dies betrifft im Grunde jeden Menschen, die Frage ist nur, inwieweit die Auswirkungen desselben spürbar werden, also global relevant!

In dieser Textanalyse wird sich mitnichten eine historistische Argumentation zu Eigen gemacht. Im Gegenteil, dieser Punkt ist der einzige wo Kritik ansetzen könnte, denn natürlich ist diese Argumentation von den Überlegungen des Historismus beeinflußt. Eine Kritik könnte sich demnach aber auch nur auf den theoretischen Unterbau der Argumentation stützen, das sprachliche Konstrukt ist somit nicht zerlegbar. Der Zustand einer Beeinflussung von Geschichte durch den Menschen und des Menschen durch Geschichte dürfte unumstritten sein, denn dies ist beispielsweise praktische Politik. Insofern kann tatsächlich nur über die Tragweite der Argumentation, also die Auswirkungen- den Schluß daraus, eine Art Kritik am Historismus abgeleitet werden. Am der Satzkonstruktion und dem empirisch nachweisbaren Sachverhalt der gegebenen gegenseitigen Beeinflussung jedenfalls nicht.

Ranke hat diese Art des Textaufbaus bewußt gewählt, nichts daran ist zufällig und selbstverständlich soll damit eine Wirkung beim Leser erzielt werden. An oben genannter Passage konnte dies einwandfrei nachgewiesen werden, es trifft allerdings auf den gesamten Text zu.

Tatsächlich stellt sich vielmehr nur die Frage, ob Ranke mit dem Gesamtwerk und diesem dazugehörigen Vorwort eine geschichtswissenschaftliche Analyse Wallensteins als akademischen Beitrag und zur Erläuterung eines unbehandelten Problems schrieb und so aufgrund seiner historistischen Denkart diese als gegebenes analytisches Instrument nutzte, ob er den Typus Wallenstein für eine exemplarische Demonstration der Leistungsfähigkeit der historistischen Analyse benutzt – also das eigentliche Ziel der Historismus ist, oder aber über die bewußte historistische Analyse einen Beitrag zur geschichtlichen Forschung von Wallenstein leisten möchte.

Ranke selber ordnet seine Forschung zu diesem Thema wie folgt ein:

„Über diese und das gesammte Thun und Treiben Wallensteins sind in den Archiven zu Wien, in welche auch seine Papiere übergegangen sind, in den ersten Jahrzehnten fleißige Forschungen angestellt worden; doch ist man damit über Anklage und Vertheidigung, wie sie im ersten Moment einander gegenüber traten, nicht hinausgekommen.

Und wenn man in anderen Archiven weiter nachforscht, so erhält man nur einseitige Antworten, dem Verhältnis gemäß, in welchem die Staaten, denen sie angehören, zu den Begebenheiten standen“.

Tatsächlich scheint, unter Berücksichtigung seines argumentativen Konstruktes und dieser Aussage, Ranke mit einer bewußten historistischen Analyse einen Beitrag zur geschichtlichen Forschung von Wallenstein leisten zu wollen und über eine neue Art der Problembehandlung den Erkenntnishorizont jenseits von *„Anklage"* und *„Verteidigung"* leisten zu wollen, um eine andersartige Bewertung der Person Wallenstein und selbstverständlich der Geschichte vornehmen zu können. Gleichzeitig ist es ihm so möglich ein leistungsfähiges Analyseinstrument anderen Forschern zur Verfügung zu stellen.

Soll der Text einer abschließenden Beurteilung unterzogen und eine Würdigung vorgenommen werden, so läßt sich festhalten, daß er absolut stringent und logisch aufgebaut ist. Die Aussageabsicht des Vorwortes, also das Werben um fortwährendes Lesen des sich anschließenden Buches erreicht Ranke vollständig. Eine andere Aussage, nämlich vor dem Hintergrund des Historismus eine Einordnung Wallensteins in einen geschichtlichen Kontext vornehmen zu wollen, gelingt ebenfalls, wenngleich nicht vollständig. Dies ist jedoch kein Makel, weil dies in diesem Text- einem Vorwort- nicht leistbar sein sollte und muß. Dies ist von Ranke also ebenso gewollt!

Es ging in diesem Vorwort mehr um ein definieren von Rahmenbedingungen, in welchem sich die Forschungsarbeit Rankes bewegt. Der Verweis auf den Historismus ordnet also ein, ohne die Ergebnisse der Arbeit im Vorwort vorwegzunehmen. Auch dies dient der Erreichung des Ziels- den Leser zum weiteren Lesen des Werks zu animieren. Gleichzeitig wird im Rahmen der Argumentationslogik der Historismus als wissenschaftliche Disziplin zur Erörterung von geschichtswissenschaftlichen Fachfragen für den, eventuell in diesem Bereich unwissenden, Leser transparent gestaltet und plausibel dargestellt.

Einen prinzipiellen Widerspruch zu diesem Text oder eine Wertung verbietet sich aus Sicht eines Textanalytikers des 21. Jahrhunderts. Etwas Derartiges wäre nicht zielführend, weil der heutige Kenntnisstand über den Historismus, den 30-Jährigen Krieg, Ranke und explizit auch Wallenstein dies unmöglich und gegebenenfalls auch unzulässig erscheinen lassen könnte. Insofern ist fundamentale Kritik schwierig zu formulieren und zwingt den Leser von heute eine Einordnung des Gesamtwerkes, dessen Einleitung hier vorliegt, im Kontext der damaligen Zeit vorzunehmen.

Wenn dieses theoretische Konstrukt zur Beurteilung der Leistung Rankes als gegeben begriffen wird und ein Großteil der heute zur Verfügung stehen Information über Ranke selbst, Wallenstein und den 30-Jährigen Krieg unberücksichtigt bleibt, erscheint dieses Vorwort durchaus als Teil eines Werkes, welches sich auf der „Höhe der Zeit" befindet. Der Historismus als durchaus neue und erkenntniserweiternde Analyseform hat seine Berechtigung und ist durch seine hervorragende Anwendbarkeit so populär geworden. Er erschließt neue Arten des Verständnisses von geschichtlichen Ereignissen und vor allem auch von Prozessen, was zur damaligen Zeit außerordentlich neu war.

Problematisch sind dieser Text sowie die Aussagen nicht, wenn man von einigen Evokationen absieht und sie als übliche verwendete Sprache begreift. Wissenschaftliche Praxis heutiger Zeit ließe eine solche Wortführung in einem wissenschaftlichen Text natürlich überhaupt nicht mehr zu.

Eventuell zeigt sich in der Wortwahl Rankes und im Satzbau auch jene romantische Beschreibungs- und Erklärungsart, welche von den Kritikern oft als Verklärung bezeichnet wird. Dies hat tatsächlich nichts mit der Tragfähigkeit der wissenschaftlichen Analyse des Historismus zu tun, sondern vielmehr mit einer nach außen wirkenden Form der Darstellung von Problemlagen, Wirkungen und Ergebnissen. Nichtsdestotrotz ergibt sich genau in diesem Punkt ein Problem, welches auch im Zusammenhang einer ideologisierten geschichtlichen Betrachtungsweise steht und den Historismus nur mehr als argumentative Grundlage bestimmter Ereignisse, denn als analytisches Instrumentarium der Geschichtswissenschaft begreift.

So kann die, vor allem von Ranke vertretene „Gesetzmäßigkeit" als durch Gott vorgegebene, Zwangsläufigkeit mit der starken Betonung des Individuellen und somit der geschichtlichen Berechtigung von quasi allem, den Analytiker in der Richtung beeinflussen, daß er nicht mit aktuellen Wertmaßstäben frühere geschichtliche oder geschichtsrelevante Prozesse beurteilen könne und dürfe. Die Folge wäre ein Werterelativismus, welcher somit als im Rahmen der Forschung gegebene Erkenntnis als eventuelles Korrektiv für ähnliche Prozesse oder prinzipiell für andere Menschen in einem bestimmten Problemkontext exkludiert. Gleichermaßen könnte die somit implizierte Abwesenheit von Normen ein begründbares Urteil über geschichtlich wirksame Personen nicht zulassen.

Im Rahmen dieser Textanalyse kann die Einschätzung eines Gefahrenpotentials aus einer solchen historistischen Analyse heraus nicht vorgenommen werden. Eventuell sich ergebende Problematisierungen des Historismus und seiner analytischen Instrumente im Zuge eines anderen Verständnis oder einer anderweitig gegebenen Intention sind nicht durch diesen Text verantwortbar und können aus diesem Fragment auch nur ungenügend hergeleitet werden. Insofern erfährt dieser Text aus Sicht des Analytikers in bezug auf Gestaltung und Inhalt volle Zustimmung.

Eine weiterführende Debatte könnte allerdings der Umstand auslösen, wie diese Vorrede in Rechtschreibung, Ausdruck und Satzbau als heute angepaßte und simplifizierte Form, wirkt.

Es stellt sich hierbei die Frage, ob die Intention zum einen so wie von Ranke beabsichtigt, erhalten bleibt und ob sich im Sinne des Historismus neue argumentative Facetten ergeben sowie, ob der Text insgesamt so weiterhin uneingeschränkte Zustimmung erführe.